Inhalt

Luftverkehr - deutsches Passagierwachstum hinkt internationaler Entwicklung hinterher

Luftverkehr - deutsches Passagierwachstum hinkt internationaler Entwicklung hinterher

Markus Hofstetter

Kernthesen

- Zwar verzeichneten die deutschen Flughäfen 2013 mehr Passagiere, doch die Zahl der Starts und Landungen ging zurück.
- Der internationale Flugverkehr überschritt 2013 erstmals die Zahl von drei Milliarden Passagieren, wobei Inlandsflüge den Markt dominieren.
- Während die großen deutschen Flughäfen vom leichten Passagierzuwachs profitieren, kämpfen viele Regionalflughäfen ums

Überleben.

- Den europäischen Netzwerk-Carriern machen sowohl die Billigfluglinien als auch staatlich subventionierte Fluggesellschaften weiterhin zu schaffen.

Beitrag

Deutschland erreicht 2013 einen neuen Passagierrekord

Deutschlands Flughäfen machten den schwachen Auftakt 2013 wett und verbuchten im Gesamtjahr ein leichtes Plus bei den Passagieren. Knapp 202 Millionen Fluggäste weist die Jahresstatistik des Flughafenverbands ADV aus. Die neue Rekordzahl bedeutet einen Zuwachs um 0,7 Prozent im Vergleich zu 2012. Im Dezember fiel das Plus mit 2,2 Prozent besonders groß aus. Für das laufende Jahr erwartet der ADV für die deutschen Flughäfen ein größeres Passagierwachstum von 2,2 Prozent. Langfristig ist der Verband optimistischer. Bis 2025 sollen jährlich 300 Millionen Passagiere in Deutschland starten und landen. Die Zahl der Flugbewegungen ging dagegen um knapp vier Prozent auf rund zwei Millionen zurück. Grund sind Konsolidierungsprogramme der

Airlines, die zum Einsatz größerer Flugzeuge und einer höheren Auslastung der Maschinen führten. An den 22 internationalen Verkehrsflughäfen in Deutschland starteten insgesamt 730 000 internationale Flüge zu 400 Zielen in 111 Ländern. Dabei wuchsen die ausschließlichen Verbindungen innerhalb Europas mit 2,5 Prozent überdurchschnittlich. Die interkontinentalen Verkehre verloren mit einem Plus von nur 0,4 Prozent deutlich an Schwung. Die Zahl der innerdeutschen Flugbewegungen ging mit minus 3,6 Prozent stark zurück. (1), (2), (3)

Internationaler Flugverkehr erstmals mit über drei Milliarden Passagieren

Global wächst der Passagierverkehr weitaus stärker als in Deutschland. Laut IATA (International Air Transport Association) wurden 2013 weltweit rund 3,13 Milliarden Passagiere befördert. Das ist ein Plus von 5,2 Prozent gegenüber 2012. Damit wurde zum ersten Mal die Drei-Milliarden-Grenze überschritten. Hochgerechnet waren 2013 rund fast 1,88 Milliarden Passagiere auf Inlandsflügen unterwegs. Dies entspricht einem Wachstum von 4,9 Prozent. In diesen Zahlen werden die Flüge innerhalb des EU-

Binnenmarktes als internationaler Verkehr angesehen werden. Rechnet man die EU 27-Werte dazu, kommen 515 Millionen Inlandspassagiere hinzu. Damit wären weltweit knapp 2,4 Milliarden Passagiere dem Domestic-Bereich zuzurechnen. Damit würden Inlandspassagiere 76 Prozent des globalen Aufkommens ausmachen, ohne die EU 27 wären es noch 60 Prozent.

Größter Inlandsflugmarkt der Welt sind weiterhin die USA, deren Volumen 2013 auf rund 656 Millionen Passagiere anstieg. Das Geschäft dort ist nach der Fusion von American Airlines mit US Airways auf vier Airline-Konzerne konzentriert. Der neue Gigant brachte es vor dem Zusammenschluss auf 21,3 Prozent des Inlandsaufkommens. Delta kommt auf 16,3 Prozent, United hat einen Anteil von 15,6 Prozent und Southwest von 15,4 Prozent.

Hinter den USA folgen die EU-27 mit rund 515 Millionen Fluggästen in 2013 als zweitgrößter Domestic-Markt der Welt. Dies ist ein Plus von einem Prozent. Drittgrößter Domestic-Markt ist China. Ähnlich wie in den USA ist das Geschäft in diesem Land stark konzentriert. Air China, China Southern Airlines und China Eastern Airlines kontrollieren laut Civil Aviation Administration of China (CAAC) rund 80 Prozent des Inlandsaufkommens. Die Nummer vier im Inlandsverkehr ist Brasilien, das

Passagieraufkommen wuchs in dem südamerikanischen Land aber nur um 0,8 Prozent. Indonesien hat durch ein extremes Plus von 20 Prozent im Inlandsverkehr Japan von Rang fünf verdrängt.

Die Nachfrage im internationalen Passagierverkehr wird weiter wachsen. Laut IATA soll die Zahl der Passagiere bis 2017 auf insgesamt 3,91 Milliarden Fluggäste steigen. Das Wachstum ist damit ausgeprägter, als im Zeitraum 2008 und 2012, in dem es infolge der Finanzkrise ein Plus von 4,3 Prozent pro Jahr erreichte. Die stärkste Steigerung in den kommenden Jahren wird auf Routen zwischen dem Nahen und Mittleren Osten und dem asiatisch-pazifischen Raum erwartet. (4), (5)

Die kleinen Flughäfen kämpfen ums Überleben

Unter der Entwicklung auf dem deutschen Flugmarkt leiden besonders kleinere und mittelgroße Flughäfen. Laut ADV erzielten voraussichtlich nur sechs der 22 internationalen Verkehrsflughäfen 2013 ein positives Nettoergebnis bei den Passagierzahlen. So verzeichnen die großen Flughäfen Frankfurt, München, Berlin und Düsseldorf Zuwächse. Hamburg, Stuttgart Köln/Bonn sind dagegen im

Minus. (1), [Abb. 1]

Neben den großen deutschen buhlen die Airports aus der Provinz um Passagiere. Doch auch viele Regionalflughäfen bekommen vom Miniwachstum nichts ab und haben deswegen trotz jahrelanger Subventionen wirtschaftliche Probleme. Besonders bergab ging es 2013 an den Flughäfen Karlsruhe/Baden-Baden und Münster/Osnabrück. Der Baden-Airpark verlor 225 000 Passagiere, ein Minus von 17,3 Prozent im Vergleich zum Rekord im Vorjahr. Der Flughafen Münster/Osnabrück verbuchte ein Minus von 16 Prozent auf 862 000 Reisende. Damit hat der Flughafen im Grenzgebiet von Nordrhein-Westfalen und Niedersachsen binnen zwei Jahren fast eine halbe Million Passagiere verloren.

Was sind die Gründe? So zogen sich Netzwerk-Carrier wie Air Berlin weiter aus der Fläche zurück und einige Regional-Airlines wie die Bremer OLT Express oder die Augsburg Airways stellten den Betrieb ein. So lässt sich auch der Einbruch in Münster/Osnabrück erklären. Auch setzen die Low-Cost-Carrier ihre Flotten immer flexibler ein und betreiben viele Minibasen. Dadurch können sie Verkehre schnell verlagern, wenn sich andere Strecken besser rechnen. Profitiert von dieser Praxis der Billigflieger hat in 2013 zum Beispiel der

Flughafen Weeze. Da Ryanair im abgelaufenen Jahr neun Flugzeuge auf dem Flughafen stationiert hat, legte er um knapp 13 Prozent auf fast 2,5 Millionen Passagiere zu. Die Stationierung eines Fliegers der Airline Germania und eine Linienverbindung nach London brachten dem Flughafen Erfurt-Weimar ein Plus von 17 Prozent auf 215 000 Passagiere. Doch genauso schnell wie nach oben, kann es auch wieder nach unten gehen. Weeze warnte gleichzeitig mit der Verkündung der starken Zahlen vor einem Einbruch. Im Gegensatz dazu sehen die Verlierer des vergangenen Jahres schon wieder Licht am Ende des Tunnels. Der Flughafen Karlsruhe/Baden-Baden hat bereits eine neue Verbindung der Lufthansa-Billigtochter Germanwings nach Hamburg vermeldet.

Flughäfen, die sich nicht rechnen, hängen am Tropf der Steuerzahler. So beschloss die Landesregierung von Mecklenburg-Vorpommern erst Anfang Januar, die Zuschüsse für den Flughafen Rostock-Laage auf eine Million Euro zu verdoppeln. Auch der Hunsrück-Flughafen Frankfurt-Hahn braucht mehr Steuergelder. Gefahr droht diesen Flughäfen durch die EU-Kommission. Sie will durchsetzen, dass Subventionen für den Flughafenbetrieb nur noch für zehn Jahre erlaubt sind. (6)

Europäische Netzwerk-Carrier

kämpfen an vielen Fronten

Den großen europäischen Netzwerk-Carriern Lufthansa, Air France-KLM oder British Airways machen Low-Cost-Carrier wie Ryanair oder Easyjet zu schaffen. So zählte das Deutsche Zentrum für Luft- und Raumfahrt (DLR) in seiner halbjährlichen Erhebung über den Billigflugmarkt im Juli 2013 658 Strecken, die von Billigfliegern von Deutschland aus bedient wurden. Das waren fast zwei Prozent mehr als ein Jahr zuvor. Die Zahl der Flüge auf diesen Strecken stieg sogar um fast fünf Prozent.

Aber nicht nur die Billigflieger, sondern auch staatlich geförderte Fluggesellschaften wie Emirates aus Dubai oder Turkish Airlines nehmen den Netzwerk-Airlines im außereuropäischen Geschäft Kunden und Marktanteile weg. Damit droht die Erosion ihres wichtigsten Ergebnisträgers. Über Jahre steuerte das lukrative Geschäft mit den Fernrouten nach Amerika den Löwenanteil der Gewinne bei. Sie sorgten für den Ausgleich der Millionenverluste im Europaverkehr.

Nun müssen Lufthansa, Air France & Co sparen und sich auf mehr Effizienz trimmen. So hat es sich die Lufthansa zum Ziel gesetzt, ihr Konzernergebnis bis Ende 2014 um mindestens 1,5 Milliarden Euro zu verbessern, um die heutige Rendite von rund 1,6

Prozent auf die interne Zielmarke von acht Prozent anzuheben. Die Auslagerung des verlustreichen Europageschäfts abseits der Heimatbasen in Frankfurt und München auf die Tochtergesellschaft Germanwings ist nur ein Teil des Konzernumbaus. Weitere Ergebnisbeiträge sollen etwa der Abbau von 3 500 der 17 000 Stellen in der Verwaltung sowie steigende Erlöse im Passagierverkehr beisteuern. Auch Air France-KLM sowie die mit British Airways verbundene Iberia bauen um, um im Konkurrenzkampf bestehen zu können. (7), (8), [Abb. 2]

Trends

Deutsche Flughäfen wollen nicht nur an Passagieren verdienen

Vor 20 Jahren beschränkte sich die Einkaufswelt an den Flughäfen meist auf den unmittelbaren Reisebedarf der Passagiere. Dann entdeckte der Londoner Flughafen Heathrow im Zuge der Privatisierung das lukrative Geschäft jenseits der Services rund um das Fliegen. Im Fachjargon wird es Non-Aviation genannt. Dazu zählt das Retail-Geschäft, Gastronomie oder Immobilien. Interessante

Warengruppen im Retail-Geschäft sind neben den üblichen Parfüms, Alkoholika und Zigaretten unter anderem Haushaltswaren, Mode, Sportbekleidung und Elektronik. Getrieben wird dieses Geschäft von den durch Zölle und Luxussteuern bestimmten Preisunterschieden. Non-Aviation trägt nicht nur zum Umsatz bei, es ist auch rentabler als das eigentliche Kerngeschäft. Der Frankfurter Flughafenbetreiber Fraport etwa erzielte in diesem Geschäftsbereich im vergangenen Jahr 18,5 Prozent des Konzernumsatzes, aber gut 50 Prozent des Betriebsergebnisses. Fraport verdient über die Ladenmieten und eine Umsatzbeteiligung an der Kauflaune der Fluggäste mit. Der Flughafen München geht einen anderen Weg. Über die hundertprozentige Tochter Eurotrade besorgen die Münchner den Großteil des Einzelhandels selbst. Das in Eigenregie betriebene Geschäft führt zwar zu höheren Erlösen, aber auch zu einem höheren Aufwand. Doch im Non-Aviation-Bereich reicht es nicht, nur die Passagiere zu bedienen. Die Flughäfen müssen auch Kunden aus dem Umland anziehen. Mögliche Hemmschuhe wie hohe Parkgebühren oder der generelle Hochpreisverdacht gegen Flughafenshops müssen kommunikativ und über Erstattungen der Parkgebühren ausgeräumt werden. Der Flughafen Düsseldorf macht es vor. Er wirbt mit Events gezielt um Kundschaft aus der Umgebung, die zum Shoppen nicht zwangsläufig ins Flugzeug steigen muss. Längere Öffnungszeiten, Sonderangebote und günstige Parkplätze sind die Lockmittel für die "Airport-Arkaden" mit rund 60 Geschäften. In Köln-Bonn lockt ein großer Lebensmittelmarkt mit dem Argument, dass er das ganze Jahr über ohne Unterbrechungen geöffnet ist. (9), (10)

Fallbeispiele

Condor verbessert Einkaufsservice

Die Ferienfluggesellschaft Condor baut ihr Geschäft jenseits des Fliegens aus. Seit dem 15. Januar 2014 können Passagiere schon vor dem Flug online zollfreie Waren bestellen, die sie bei Antritt ihres Fluges auf ihrem Sitz vorfinden. Beim "Airshoppen" können die Fluggäste aus einer weitaus größeren Produktpalette auswählen als beim klassischen Bordverkauf. Gleichzeitig gibt Condor eine Niedrigpreisgarantie. Wenn ein Kunde ein Produkt irgendwo billiger findet, wird die Differenz bezahlt.

Solche Zusatzgeschäfte werden für Fluggesellschaften immer wichtiger. So schätzen die Beratungsgesellschaft IdeaWorksCompany und der Mietwagenspezialist CarTrawler, dass die Zusatzerlöse aller Fluggesellschaften im Jahr 2013 von

36,1 Milliarden auf 42,6 Milliarden Dollar gestiegen sind.

Die zum Reisekonzern Thomas Cook gehörende Condor fliegt mit 13 Langstrecken- und 27 Kurzstrecken-Flugzeugen vor allem touristische Ziele an, bedient aber auch Strecken für Geschäftsreisende. (11)

Zahlen & Fakten

Abbildung 1: Passagierentwicklung an ausgewählten deutschen Flughäfen 2013

	in Millionen Passagieren	**Veränderung in Prozent**
Frankfurt FRA	57,9	1,1
München MUC	38,6	0,9
Berlin TLX+SXF	23,3	4,2
Düsseldorf DUS	21,2	1,9
Hamburg HAM	13,5	-1,4
Stuttgart STR	9,5	-1,4
Köln/Bonn CGN	9,1	-2,2
Hannover HAJ	5,2	-0,9
Nürnberg NUE	3,3	-7,7

Bremen BRE	2,6	6,7
Fankfurt-Hahn HHN	2,6	-2,5

Quelle: ADV Entnommen aus: Börsen-Zeitung, 19/2014, S. 12, (3)

Abbildung 2: Die größten Billigfluganbieter

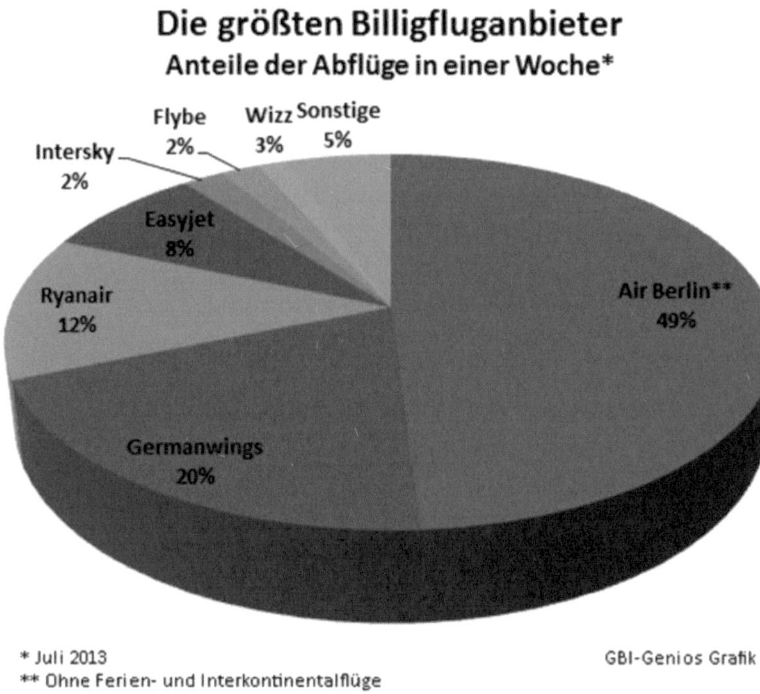

Entnommen aus: Frankfurter Allgemeine Zeitung, 303/2013, S. 17, (7)

Weiterführende Literatur

(1) Flughäfen erwarten leichtes Passagierwachstum
aus Handelsblatt online vom 28.01.2014

(2) Die meisten Flughäfen rechnen sich nicht
aus Frankfurter Allgemeine Zeitung, 29.11.2013, Nr. 278, S. 17

(3) "Besorgniserregende Lage" bei deutschen Flughäfen Verband ADV erwartet 2,2 Prozent Wachstum 2014
aus Börsen-Zeitung, 29.01.2014, Nummer 19, Seite 12

(4) Inlandsflüge dominieren die Weltluftfahrt
aus Tourismuswirtschaft Austria & International Nr.2196/2014 vom 14.02.2014, Seite AIR Air, Rail, Road, Sea"T.A.I." Nr. 2196/2014 vom 14.02.2014 Seite: 3

(5) 930 Millionen Passagiere mehr bis 2017
aus Tourismuswirtschaft Austria & International Nr.2187/2013 vom 13.12.2013, Seite ALL Seite 1"Tourist Austria International" Nr. 2187/2013 vom 13.12.2013 Seite 1

(6) Mehr Passagiere heben von deutschen Flughäfen ab. Doch für viele Provinz-Airports geht es weiter bergab: Kleine Fluggesellschaften verschwinden, Billigflieger ziehen Maschinen ab. Die Regionalflughäfen stecken in der Klemme.
aus Handelsblatt Live vom 22.01.2014 um 12:00:00

(7) Die Billigflieger streben die Lufthoheit an
aus Frankfurter Allgemeine Zeitung, 31.12.2013, Nr. 303, S. 17

(8) Vier Dollar Gewinn je Fluggast
aus Frankfurter Allgemeine Zeitung, 21.06.2013, Nr. 141, S. 22

(9) Einkaufen bis zum Abheben
aus Handelsblatt Nr. 002 vom 03.01.2014 Seite 018

(10) Fluggäste sollen mehr Geld im Terminal ausgeben
aus Wirtschaftswoche online vom 22.01.2014

(11) Luftiger Einkaufsservice
aus Handelsblatt Nr. 005 vom 08.01.2014 Seite 016

Impressum

Luftverkehr - deutsches Passagierwachstum hinkt internationaler Entwicklung hinterher

Bibliografische Information der deutschen Nationalbibliothek

Die Deutsche Nationalbibliothek verzeichnet diese Publikation in der deutschen Nationalbibliografie; detaillierte bibliografische Daten sind im Internet über http://dnb.d-nb.de abrufbar.

ISBN: 978-3-7379-5785-4